ENCUENTROS CON JESUS
SIETE HISTORIAS DEL EVANGELIO IMAGINADAS

Autora Anna Rapa
Traductora Mayna Esther Domínguez González
Edita Tamara Brubaker-Salcedo

dwh
da[w]bar house

Table De Contenido

¿Qué es Encuentros con Jesús?

A través de estas siete historias, se le invita para que se imagine lo que sería el tener un encuentro con Jesús cuando Él estuvo aquí en la Tierra. Cada historia se cuenta desde la perspectiva de la persona que conoció a Jesús. Estas personas le van a decir, en sus propias palabras, cómo eran sus vidas antes de conocer a Jesús, cómo tuvieron ese encuentro con Jesús y cómo Jesús cambió sus vidas.

Encuentre a Jesús con amigos

Las historias se pueden usar por las personas quienes siguen a Jesús para iniciar grupos de estudios o conversaciones con otras personas que estén interesadas espiritualmente. Son un gran punto de inicio para tener conversaciones espirituales, y aún más importante, permiten que Jesús se presente en sus propias palabras y acciones como se presentan en la Biblia.

Encuentre a Jesús en Grupos Pequeños

Estas historias están diseñadas para que se lean en voz alta a un grupo y después se discutan en una tradición de narración. La narración es un regreso a las historias de la Biblia como narrativas. El objetivo es que las personas escuchen y sientan de manera imaginativa las historias como si ellos estuvieran ahí. De esta forma, el proceso va a ser similar a *Lectio Divina*.

El Apéndice 2 contiene una guía para el líder con planificación de lecciones y unas notas sobre la enseñanza.

Nicodemo Por la Noche

No puedo decir que me sorprendió cuando me corrieron del concilio gobernante. Realmente no puedo. Esperaba no llegar a eso, pero hasta cierto punto sabía que algo así sucedería. Aunque es una larga historia. ¿Está seguro que desea escucharla?

Bien, bien, así es cómo sucedió. Básicamente era como cualquier otro año, ¿correcto? Día tras día era lo mismo. Un hombre venia y nos contaba cómo su vecino había plantado algo en su campo. Un marido nos pedía permiso para divorciarse de su esposa. Ya sabe, cosas normales. Y luego ahí estaban los casos más interesantes – hombre, se podía poner intenso cuando los 70 de nosotros nos reuníamos para discutir un tema u otro de la ley. Nuestro principal objetivo era mantener la paz entre las personas, asegurarnos de que todavía íbamos caminando conforme a las leyes que nuestros padres habían dejado y mantener a la gente preparada para esperar al Mesías prometido.

¿Oh, usted no sabe sobre el Mesías? Bueno, hay profecías antiguas, verás, en los libros antiguos, que hablan sobre el rescate de Israel de sus opresores. Hemos estado esperando por más de 400 años por la venida del Mesías. Hemos estado esperando que venga cualquier día para liberarnos de los opresores romanos y devolvernos nuestra propia tierra otra vez. Siempre estábamos a la expectativa de quien sería. Por muchos días parecía que el Mesías no vendría, que no escuchaba los gritos de su pueblo y venía a rescatarnos.

Bueno, comenzamos a escuchar estos rumores acerca de un hombre llamado Jesús. Él estaba suscitando bastante conversación. Incluso cuando estábamos reunidos informalmente, no en reuniones del concilio, el nombre de Jesús se mencionaba. Habíamos escuchado declaraciones que Él había convertido el agua en vino en una boda. ¿Qué loco? Quiero decir, ¿por qué alguien haría eso? Luego estaba este hombre, un profeta llamado Juan ¡quien afirmaba que Jesús era el hijo de Dios! ¿Puede creerlo?

Otros dijeron que él sanó a los enfermos. También declararon que él podía echar fuera los demonios. Pero lo que realmente molestó a la gente fue cuando Jesús llegó al templo durante la Pascua. En lugar de celebrar con el resto de la comunidad, algo sucedió que lo hizo enojar. Alguien me dijo que su rostro estaba rojo como un tomate y que de hecho gritó. Volcó las mesas en el mercado del templo, e hizo un látigo y expulsó a todos los comerciantes de los patios del templo. ¿Puedes creer eso? ¿Quiero decir, quien creía que era? Hemos estado vendiendo cosas en los patios del templo durante cientos de años. ¿Por qué deberíamos cambiar eso ahora? Al menos eso es lo que pensaban mis colegas. Hablamos de ese pequeño incidente durante días. Algunos decían incluso que Jesús debería ser restringido y que se le impidiera hablar. Y otros expresaron y dijeron que él no podía realizar las señales milagrosas al menos que

4

viniera de Dios.

Así que, de todos modos, toda esta charla me intriga. Pero no seré alguien que haga algo en su contra, normalmente, pero en este caso, pensé que al menos se debería investigar. ¿Por qué no solo ir con Jesús y tener una conversación con él? Solo para ver lo que estaba diciendo. La gente me había dicho que él dijo cosas tan extrañas. Supongo que lo quería ver por mí mismo.

Tengo que admitir, sin embargo, estaba un poco nervioso. El Concilio es poderoso, y realmente no quería encontrarme con nadie. Pero tenía que ir y verlo. Así que una noche cuando Jesús estaba cerca, fui y lo encontré después que oscureció. Nuestra conversación fue más o menos así:

"Rabí, sabemos que has venido de Dios como maestro; porque nadie puede hacer estas señales que tú haces, si no está Dios con él".

Respondió Jesús: De cierto, de cierto te digo, que el que no naciere de nuevo, no puede ver el reino de Dios.

¿Cómo puede un hombre nacer siendo viejo? Le pregunte. ¿Puede acaso entrar por segunda vez en el vientre de su madre, y nacer?

De cierto, de cierto te digo, que el que no naciere de agua y del Espíritu, no puede entrar en el reino de Dios. Lo que es nacido de la carne, carne es; y lo que es nacido del Espíritu, espíritu es. No te maravilles de que te dije: Os es necesario nacer de nuevo. El viento sopla de donde quiere, y oyes su sonido; mas ni sabes de dónde viene, ni a dónde va; así es todo aquel que es nacido del Espíritu.

En este punto, yo estaba realmente confundido. "¿Cómo puede ser esto?" pregunté.

Jesús parecía sorprendido. Él dijo: ¿Eres tú maestro de Israel, y no sabes esto? De cierto, de cierto te digo, que lo que sabemos hablamos, y lo que hemos visto, testificamos; y no recibís nuestro testimonio. Si os he dicho cosas terrenales, y no creéis, ¿cómo creeréis si os dijere las celestiales? Nadie subió al cielo, sino el que descendió del cielo; el Hijo del Hombre, que está en el cielo. Y como Moisés levantó la serpiente en el desierto, así es necesario que el Hijo del Hombre sea levantado, para que todo aquel que en él cree, no se pierda, más tenga vida eterna.

Y entonces él se voltio y se alejó.

Y yo solo me senté en un tocón de árbol y pensé durante mucho tiempo. Esas personas deben haber estado en lo correcto, al decir que Juan el Bautista le llamó el Hijo de Dios. Ahora Jesús se había llamado a sí mismo el hijo del hombre - a mí - en mi cara. ¿Sabía Él lo que estaba haciendo? ¿Pretendiendo ser el Mesías, quien rescataría a Israel? ¿Aquel que habíamos estado esperando durante cientos de años? ¡E hizo esa declaración enfrente de mi — uno de los miembros del Consejo Regente!

Sacudí mi cabeza, y pensé más. Pensé otra vez en todas las historias de él sanando personas y rescatándolas de los demonios. No es posible hacer esto si Dios no está con él. Cuando regresé al Consejo al día siguiente, fui a nuestros registros de las escrituras antiguas. Pasé días leyéndolos cuidadosamente. Y empecé a pensar que podríamos habernos equivocado acerca de lo que esperábamos que fuera el Mesías.

Pero fue mucho más tarde, después de que mataran a Jesús, que entendí completamente lo equivocado que habíamos estado. Fue su referencia a la serpiente en el desierto que hizo evidente que su muerte era parte del plan todo el tiempo. Después de que pagué mis respetos y di un regalo en el entierro, miré hacia atrás a esa historia en nuestro libro de Números sobre la serpiente en el desierto. Fue una de las muchas veces que mi pueblo discutió con Dios y se quejó contra él, alegando que no estaba teniendo cuidado de ellos. Entonces las serpientes vinieron y mordieron y envenenaron a las personas y la gente clamaba a Dios para que los salvara.

Así que Dios dijo a Moisés que hiciera una serpiente de bronce y la levantara, y que cualquiera que mirara a la serpiente viviría. Por decirme esa historia, parecía que tal vez Jesús estaba tratando de prepararme para el hecho de que él realmente era diferente de lo que esperábamos que él fuera. Estaba tratando de prepararme para el hecho que iba a morir de la manera que lo hizo, y que su muerte sería el remedio para el quebrantamiento que experimentamos.

Verás, todos esperábamos que el vendría con poder y fuerza militar. Esperábamos que el dirigiera una campaña militar y aplastara a los opresores romanos. Incluso lo habíamos celebrado como el Mesías cuando él entró a la ciudad montado en un burro poco antes de la Pascua ese año. Pensamos que la liberación estaba cerca.

Después de su muerte, Estábamos desconsolados. Me acerqué a los discípulos durante ese tiempo y supe que se sentían tan decepcionados y perdidos como yo lo estaba. Ellos no siempre entendían de lo que Jesús estaba hablando, pero habían puesto su fe en él. Confiaron en que Él iba a rescatarnos. Ninguno de nosotros esperaba que él muriera.

Pero entonces él resucitó, y todo cambió. Antes de eso, yo realmente creía que él había venido de Dios. Pero fue sólo después de que resucitó y apareció a sus discípulos que entendí que él era el verdadero Mesías.

Yo finalmente entendí que él esperaba liberarnos no de los lazos de la opresión romana, sino de los lazos de nuestro propio quebranto y nuestra incapacidad para realmente amar a Dios y amar a las otras personas. Lo vi una y otra vez, como una de las reglas del concilio. Todos los días, las personas quebrantaban la ley y peleaban y discutían y se lastimaban uno al otro. No hemos podido vivir hasta lo ideal – a la perfección que fue presentada por nosotros en el Torá, el libro de escrituras santas. Pero cuando puse mi fe en Jesús, algo cambió. No es que era perfecto. Pero yo era capaz de caminar con

Dios de una manera diferente. Era capaz de confiar en Él para hacerme limpio, y podía caminar con Él, el Eterno. No tenía que preocuparme por guardar la ley, no tenía que trabajar para hacerme perfecto para acercarme a Dios. Todo lo que tenía que hacer era dejar ir mi propia manera de hacer las cosas y permitirle guiarme y ayudarme a caminar según los principios que Jesús enseñó. Él ha hecho posible que yo viva la vida abundante acerca de la cual él enseñó.

_____

El diálogo ha sido citado y parafraseado de Juan 3. La historia del hombre que conoció a Jesús se encuentra en Juan 3.

Preguntas De Discusión

¿Qué notó acerca de esta historia?
¿Qué desea saber?

¿Qué ha escuchado sobre Jesús?
¿Cuáles son las expectativas que tiene usted sobre quién es Él y lo que Él hace en la vida de una persona?
¿De dónde vienen estas expectativas?
¿Usted piensa que son correctas o son equivocadas?

¿Qué es lo que la iglesia le ha dicho sobre Jesús?
¿Qué es lo que usted piensa que la iglesia no entiende o se equivoca sobre Jesús?

¿Usted cree que la Biblia es confiable?
Si no lo cree ¿en dónde usted puede buscar información sobre Jesús?
¿Usted conoce a alguien quien conoce a Jesús?
¿Qué preguntas tiene usted para esas personas?

¿Cómo usted piensa que sería la vida con el Eterno?
¿Cómo usted puede encontrar esa vida?
¿Cómo podría empezarla?

Jesús se refirió a haber nacido del Espíritu ¿Qué es lo que usted cree que significa esto?

¿Cómo usted cree que una vida con el Eterno sería similar a la vida que usted está viviendo ahora?

¿Cómo sería diferente?

¿Qué preguntas tiene usted le quiere hacer a Jesús? Escríbalas o dibújelas aquí.

La Mujer En El Pozo

El día de hoy cumplo 10 años de casada. 10 años. Es una eternidad comparada con… bueno…comparada con mi vida anterior. Pero mucho ha cambiado y 10 años no se ve tan imposible ahora.

Jeremías de hecho es mi sexto esposo. ¿Eso te sorprende? Sé que es muy horrible. Pero siempre hay razones para divorciarse que parecen estar bien en su momento. Sabe yo no podía realmente divorciarme de ellos, por supuesto. La ley no me lo permite porque soy una mujer. Pero hay maneras; hay maneras. Y simplemente no podía evitar alejarme cuando un hombre mostraba interés en mí.

La primera vez no sé qué paso conmigo que lo atraje hacia mí. Yo estaba metida en mis propios asuntos con otras mujeres del pueblo. Pero, de alguna forma, el debió haber sabido de la atención que mi corazón ansiaba, y no pude resistirlo. Una vez que esto pasó por primera vez, y me divorcié de mi primer esposo y luego el segundo, mi reputación fue establecida. De ahí en adelante, recibí mucha atención de los hombres de mala fama del pueblo. Así que, uno tras otro, era seducida, me divorciaba y seguía adelante.

No puedo negar mi propia responsabilidad, no ahora. Sé que tenía que tomar decisiones, incluso en ese entonces, sobre la fidelidad a mis votos. No lo puedo explicar excepto que ansiaba algo que no podía encontrar. Siempre esperaba que el siguiente hombre fuera la respuesta.

De alguna manera, un hombre sí me proveyó con la respuesta. Pero no fue cualquier respuesta que yo hubiera pensado en buscar. Y no estoy hablando de Jeremías ahora.

Era un día muy caluroso, para ese tiempo, yo estaba evitando encontrarme con otras mujeres del pueblo. Yo solía pasar todo mi tiempo con ellas – sacando agua, lavando la ropa, preparando la comida. Ustedes saben, las cosas que hace una mujer. Pero para el momento que tuve mi esposo número tres, yo ya no era realmente bienvenida. No que fueran crueles conmigo, solo que atrapaba a alguna que me quedaba mirando. Y por supuesto mantenían a las chicas más jóvenes alejadas de mí. Ellas no querían que sus preciosas niñas fueran contagiadas con lo que sea que yo tuviera. Así que llegó hacer más fácil hacer las cosas a mi manera. Empecé a evitar reunirme con cualquiera del pueblo. Llegue a estar realmente muy sola. Y cínica. Yo dudaba que a alguien de hecho verdaderamente le importara.

Bueno, de cualquier forma, era un día caluroso. Usualmente iba a sacar agua temprano en la mañana, después que las otras mujeres se hubieran ido. Pero por alguna razón ese día tenía otras cosas que hacer. Por lo tanto, no llegue al paso sino hasta el mediodía. Y había este tipo que solo estaba sentado ahí. Se le veía exhausto. Y Él estaba sentado ahí, bajo el sol. Mientras me acercaba, Él estaba recargado sobre una piedra. Se echó el brazo hacia su frente, como haciendo una sombra sobre sus ojos. Yo pensé que sus ojos estaban cerrados, así que me fui por el otro lado del pozo. Estaba tratando de evitar cualquier situación cuestionable. Para este tiempo, yo ya había conocido a Jeremías. Aunque no nos habíamos casado, él me trataba diferente que los otros hombres anteriores. Yo sabía que él me amaba, y no quería arriesgarlo todo.

Así que estaba amarrando mi cuerda al odre que había traído para sacar agua cuando escuche la voz del hombre. "¿Me darías de beber? Lo miré y Él se me quedó viendo fijamente. Sus ojos eran bondadosos. No me miro como los hombres del pueblo me miraban, como si fuera un objeto para su propio placer. Sus ojos no se apartaron de mi rostro mientras esperaba la respuesta. Estaba acostumbrada a ser tratada pobremente por los hombres, y noté que él era un judío por la manera en que iba vestido. Así que yo no le ofrecí inmediatamente la hospitalidad que debía haber dado.

"Tú eres un judío y yo una mujer samaritana. ¿Cómo me puedes tú pedir a mí de beber?" De hecho, fue raro que Él lo hiciera. La mayoría de los judíos con los que me encontrado jamás tomarían del mismo odre que un samaritano. Estaban tan enojados porque no aceptamos todos sus libros santos y estamos en desacuerdo con ellos de como adorar a Dios apropiadamente, de cualquier forma, parecía ser una objeción razonable. Pero Él respondió de forma muy rara.

"Si conocieras el regalo de Dios y quién es Él que te pide que le des de beber, le hubieras pedido y Él te hubiera dado del agua de vida"

"Señor" le dije, "Tú no tienes con que sacar el agua y el pozo es profundo. ¿De dónde puedes obtener esta agua de vida? ¿Acaso eres tú superior a nuestro padre Jacob, que nos dejó este pozo, del cual bebieron él, sus hijos y su ganado?

El hombre respondió. "Todo el que beba de esta agua volverá a tener sed, pero el que beba del agua que yo le daré no volverá a tener sed jamás, sino que dentro de él esa agua se convertirá en un manantial del que brotará vida eterna".

Yo dudé por un segundo, y luego dije, "Señor, dame de esa agua para que no vuelva a tener sed ni siga viniendo aquí a sacarla". Como pueden ver, resolvería muchos problemas para mí, si yo no tuviera que estar regresando al pozo a mitad del día. Pero luego se puso aún más raro.

"Ve a llamar a tu esposo, y vuelve acá". Él dijo.

"No tengo esposo". Yo le contesté.

"Bien has dicho que no tienes esposo. Es cierto que has tenido cinco, y el que ahora tienes no es tu esposo. En esto has dicho la verdad".

Me quede conmocionada. Y horrorizada. ¿Cómo sabia este hombre todo eso de mí? Él no había estado en nuestro pueblo. Aunque yo quizá me veía cansada, desarreglada, aun ordinaria, Él no podía saber el número de mis esposos anteriores sin ningún especial conocimiento de Dios. Pero yo no deseaba hablar sobre mi despreciable vida. Así que intente una distracción. Yo reconocí que Él quizás era un profeta, por lo tanto, yo le pregunté donde deberíamos estar adorando, en el monte de Samaria, como mi gente creía, o en Jerusalén, como los judíos creían.

El respondió "Créeme, mujer, que se acerca la hora en que ni en este monte ni en Jerusalén adorarán ustedes al Padre. Ahora ustedes adoran lo que no conocen; nosotros adoramos lo que conocemos, porque la salvación proviene de los judíos. Pero se acerca la hora, y ha llegado ya, en que los verdaderos adoradores rendirán culto al Padre en espíritu y en verdad, porque así quiere el Padre que sean los que le adoren. Dios es espíritu, y quienes lo adoran deben hacerlo en espíritu y en verdad".

Es ahí donde empecé a sospechar que Él era el que había sido profetizado – que enseñaría y explicaría todo a nosotros los samaritanos. Entonces dije, "Sé que viene el Mesías, al que llaman el Cristo. Cuando él venga nos explicará todas las cosas".

Y él dijo, "Ese soy yo - el que habla contigo". Justo luego, un grupo de hombres se acercaron a nosotros. Ellos parecían conocer a ese hombre. Por la tanto me fui abruptamente, dejando mi odre de agua atrás. Comencé a caminar de regreso al pueblo, pensando en todo lo que el hombre había dicho. Ahí fue cuando me di cuenta que el agua que Él me estaba ofreciendo no era real del todo – era algo más. ¿Podría ser lo que estaba buscando todo este tiempo? Él había mencionado vida, con el Eterno – ¿podría ser lo que me estaba perdiendo? Mientras pensaba en eso, empecé a caminar rápido y más rápido. Para cuando llegue al pueblo, estaba corriendo y llamando a la gente del pueblo – "Vengan a ver a un hombre que me ha dicho todo lo que he hecho. ¿No será este el Cristo?". Ni siquiera vacilé. Corrí justo a las puertas de la ciudad, donde los hombres importantes se sentaban. Y luego fui al rio, donde las mujeres se reunían y también les conté. Debí haber hecho un gran espectáculo, ya que muchos me siguieron de regreso al pozo.

Cuando llegamos, la gente le pidió a Jesús que se quedara en el pueblo por un par de días. Él lo hizo, y nos enseñó muchas cosas de cómo ser sus seguidores. Si lo pueden creer, él de hecho nos invitó a nosotros, los samaritanos a ser sus discípulos. Muchos del pueblo decidieron seguirlo. Ellos aún lo empezaron a llamar el Salvador del mundo.

Así que ese fue el día en que mi vida cambio. No podía tener suficiente de las palabras de Jesús. Pasé cada momento de esos dos días con Jesús. Escuchándolo explicar las cosas. Jalé también a Jeremías, y ambos fuimos transformados.

Cuando Jesús usó la imagen del agua de vida, creo que lo hizo a propósito. Mientras platicamos más durante su estancia, vi que la vida que él estaba ofreciéndonos era una vida de celebración, abundancia, gozo, impredecible y fructífera. Yo pienso en plantas ricas en vegetación verde, en animales diversos y flora y pienso que somos invitados a la vida como estaba destinada a ser. Jesús explicó que podíamos tener esta vida a través de Él. Era la vida que siempre había querido tener. Lo más sorprendente es que él nos ofrece esta vida ahora. No como las enseñanzas con las que crecí escuchando, la cual nos promete una vida maravillosa después de la resurrección final, Jesús nos está ofreciendo esa vida aquí y ahora.

Después de eso, Jeremías y yo nos casamos y hemos estado juntos desde ese entonces. Cuando supimos de la muerte de Jesús, se nos rompió el corazón. Cuando escuchamos la noticia que él había resucitado de los muertos, viajamos para reunirnos con los discípulos. Hemos estado viviendo entre ellos desde ese entonces.

El diálogo ha sido citado y parafraseado de Juan 4.

La historia de la mujer que conoció a Jesús se encuentra en Juan 4. La historia que aparece aquí es una versión ficticia basada en la Biblia y los comentarios que interpretan y explican su historia. La historia de la mujer sobre lo que pasó con ella después de que Jesús se quedó en su pueblo es pura conjetura del autor. No hay ninguna evidencia bíblica que la mujer nunca se casó con el hombre que estaba viviendo o que se unió a los discípulos de Jesús después de que murió y resucitó otra vez.

Preguntas De Discusión.

¿Qué notó acerca de esta historia?
¿Qué desea saber?

¿Qué cree que la mujer estaba buscando?
¿Por qué cree que ella lo estaba buscando en los hombres?
¿Por qué cree que ella no lo encontró allí?

¿Cómo era la vida que Jesús le estaba ofreciendo? ¿Cómo era diferente de la vida que le ofrecieron los otros hombres en la vida de la mujer?
¿Cómo cree que la mujer se agarró de la vida que Jesús ofrecía?
¿Cómo cree que se suponía que ella aprendiera sobre esa vida?
Jesús dijo, "los verdaderos adoradores adórenme en espíritu y en verdad." ¿Qué significa adorar a alguien?
¿Qué significa que Jesús haya dicho que la gente lo adoraría? ¿Según la cultura judía, quien merecía la adoración?
¿Qué significa que Dios está buscando adoradores?
¿Qué es una vida de adoración? ¿Cree que es similar o diferente a la vida con el Eterno?

¿Qué es lo que usted está buscando que no ha podido encontrar? ¿Crees que Jesús es capaz de proveerle estas cosas a usted?

◠☐☐ El Hombre Ciego

Al principio todo lo que podía escuchar era una multitud. Era grande, por los sonidos que emitían. Bebés llorando, gente gritándose una a la otra por todo el mercado, y el constante leve sonido sordo de pies golpeando el suelo. Mientras ellos se acercaban, casi no podía descifrar su conversación. Había un grupo de ellos que parecía que estaban discutiendo por algo. Finalmente llegaron justo donde yo me encontraba, y entonces, escuché a alguien preguntar, "Rabí, para que este hombre haya nacido ciego ¿quién pecó, él o sus padres?

Oh, yo quería escuchar la respuesta a esto. Entonces levanté mi ceja y volteé mi rostro hacia ellos. "Ni él pecó, ni sus padres — dijo el rabí— sino que esto sucedió para que la obra de Dios se hiciera evidente en su vida. Mientras sea de día, tenemos que llevar a cabo la obra del que me envió. Viene la noche cuando nadie puede trabajar. Mientras esté yo en el mundo, luz soy del mundo".

Yo asentí con mi cabeza, eso era lo correcto, no era mi culpa haber nacido ciego. ¿Cómo podía haber pecado antes de nacer? Yo supuse podría haber sido la culpa de mis padres, pero aparentemente no.

Y luego escuché a alguien escupir. La persona se inclinó hacia el suelo y empezó a mover el lodo en círculos. Repentinamente, sentí una de las manos del hombre sobre mis hombros. Y luego sentí que el presionó una mezcla de tierra y saliva sobre un ojo. Él se agachó de nuevo hacia el suelo, e hizo lo mismo con el otro ojo.

Y luego yo escuché, "ve y lávate en el estanque de Siloé"

Volteé mi rostro hacia él por un segundo, preguntándome. Y luego escuché a alguien gritar "Jesús" y el grupo empezó a alejarse. Hmm… aún más interesante. Yo había escuchado sobre este tipo antes. Él se estaba ganando la reputación de meterse en problemas. Y… por sanar a la gente.

¿Sanar a la gente? ¿Me sanaría? Salté y me puse de pie y dejé mi taza a un lado del camino. Con mis manos extendidas, me fui tan rápido como pude al estaque de Siloé. Mientras corría hacia allá, grité pidiendo indicaciones "¿por cuál dirección está el estanque de Siloé" "¿Cual dirección?". Finalmente, logré pasar a través de la multitud y encontré el estanque. Pero en vez de correr y salpicar precipitadamente en el estanque, me detuve. Este era el momento de la verdad. ¿Me había él realmente sanado? ¿Qué tal si me lavaba quitándome el lodo y quedaba tan ciego como antes? ¿Pero qué tal y si podía ver? Al final, decidí que no tenía nada que perder. Entonces ¡me lavé el lodo y abrí mis ojos! ¡Y podía ver! ¡Podía ver!!

Corrí a casa y empecé a decirle a todo mundo que podía ver. Mis vecinos no podían creerme. Algunos estaban de acuerdo que era el hombre que había nacido ciego. Pero otros lo dudaron. Yo solo seguía diciendo, "soy yo, soy el hombre ciego, pero ahora veo". Ellos me preguntaron cómo había sucedido, y les dije que un hombre llamado Jesús había escupido, había hecho lodo y lo había frotado sobre mis ojos, y eso era todo.

Entonces mis vecinos me llevaron con los fariseos. Los fariseos estaban preocupados que esto había pasado en día sábado, por lo tanto, repetían la misma pregunta. "¿cómo recibiste la vista?" "Me untó barro en los ojos, me lavé, y ahora veo". Conteste.

Esto incitó a una gran discusión. Algunos de ellos declararon que esto no podía ser de Dios porque lo había hecho en sábado e iba en contra de la ley de Dios sanar alguien que no estuviera en peligro mortal en sábado. Pero otros se preguntaban como un hombre podría sanar a un ciego de nacimiento al menos que este hombre viniera de Dios.

Entonces ellos me voltearon a ver y me preguntaron, "¿Y qué opinas tú de él? Fue a ti a quien te abrió los ojos."

Yo contesté, "Yo digo que es profeta".

Entonces mandaron a traer a mis padres. Ellos no estaban totalmente convencidos de que había nacido ciego y que realmente había sido sanado. Mis padres debieron haberse dado cuenta de toda la controversia que esto estaba ocasionando y tuvieron miedo de que los expulsaran de la sinagoga. Entonces cuando los fariseos les preguntaron de cómo había sido sanado, ellos contestaron, "Sabemos que este es nuestro hijo y sabemos también que nació ciego. Lo que no sabemos es cómo ahora puede ver, ni quién le abrió los ojos. Pregúntenselo a él, que ya es mayor de edad y puede responder por sí mismo".

De nuevo, me dijeron, "¡Da gloria a Dios! A nosotros nos consta que ese hombre es pecador.

Para ese entonces, yo ya me empezaba a sentir irritado. Ellos simplemente no querían creer lo que me había pasado. Por lo tanto, con mi nueva vista, los vi directo a los ojos, uno por uno, y dije, "Si es pecador, no lo sé. Lo único que sé es que yo era ciego y ahora veo".

Pero ellos me insistieron: ¿Qué te hizo? ¿Cómo te abrió los ojos?

Ya les dije y no me hicieron caso. ¿Por qué quieren oírlo de nuevo? ¿Es que también ustedes quieren hacerse sus discípulos?

Creo que me pasé de la raya con eso, me burlé de ellos prácticamente, pero por lo que pasó después, ya no me sentí mal. Me voltearon a ver y me dijeron: "¡Discípulo de ese lo serás tú! ¡Nosotros somos discípulos de Moisés! Y sabemos que a Moisés le habló Dios; pero de éste no sabemos ni de dónde salió".

Yo les respondí ¡allí está lo sorprendente! que ustedes no sepan de dónde salió, y que a mí me haya abierto los ojos. Sabemos que Dios no escucha a los pecadores, pero sí a los piadosos y a quienes hacen su voluntad. Jamás se ha sabido que alguien le haya abierto los ojos a uno que nació ciego. Si este hombre no viniera de parte de Dios, no podría hacer nada.

Ellos replicaron: Tú, que naciste sumido en pecado, ¿vas a darnos lecciones? Y me expulsaron.

Bueno, ahora si estaba enojado. Jesús había dicho que no por mi pecado había nacido ciego. Y creo él estaba en lo correcto. Esos fariseos solo estaban preocupados de que Jesús les quitara todo el poder religioso que tenían. No era realmente justo, que ellos me expulsaran a si nada más, solo porque estaba defendiendo a Jesús.

Así que decidí caminar por el pueblo para ver todas las cosas que no había visto antes. Era sorprendente añadir los sorprendentes colores y otras vistas, junto con los sonidos y sensaciones que había experimentado toda mi vida. Luego caminé hacia mi antigua esquina para ver el lugar donde me había sentado a mendigar por todos esos años. Ahí fue donde Jesús me encontró de nuevo.

El me pregunto: "¿Crees en el Hijo del hombre?

¿El hijo del hombre? ¿Estaría hablando del Mesías? ¿El que hemos estado esperando por todos estos años?

Entonces, le pregunté. ¿Quién es, Señor? Dímelo, para que crea en él.

Él contestó: Pues ya lo has visto, es el que está hablando contigo.

Yo dije: "Creo, Señor" Y, postrándome, le adoré.

Entonces Jesús volteando a sus seguidores dijo: "Yo he venido a este mundo para juzgarlo, para

que los ciegos vean, y los que ven se queden ciegos".
¿Qué? ¿Acaso también nosotros somos ciegos?

Algunos fariseos que estaban parados ahí, le preguntaron: "¿Qué? ¿Acaso también nosotros somos ciegos?"

Jesús los vio y les dijo: "Si fueran ciegos, no serían culpables de pecado, pero, como afirman que ven, su pecado permanece".

Entonces, el día que recibí mi vista, encontré más que de lo que me rodea en el mundo. Encontré al Mesías. Desde ese día, no he dejado de contar mi historia al que desee escucharla.

El diálogo ha sido citado y parafraseado de Juan 9.

Esta historia se encuentra en Juan 9. Las porciones que no son citadas de la Biblia son un relato ficticio del ciego basado en la Biblia y comentarios que interpretan y explican su historia.

Preguntas De Discusión

¿Qué notó acerca de esta historia?

¿Qué se pregunta acerca de?

¿Qué cree que el ciego sintió cuando Jesús puso lodo en su cara?

¿Qué cree que era correr por la ciudad en busca de la piscina, preguntándose si él fue sanado?

¿Qué cree que pensó ese momento de la verdad, cuando abrió los ojos por primera vez?

¿Por qué cree que Jesús le pidió que se fuera a lavar en lugar de una curación total?

¿Qué cree que hubiera pasado si el hombre no había ido a la piscina para lavar?

¿Qué opina de la respuesta de la comunidad al hombre?

¿Sobre qué parece ser la polémica?

¿Cuál fue la importancia de sanar en sábado?

¿Por qué cree que los padres del muchacho no se comprometieron a decir nada acerca de Jesús?

¿Qué dijo el hombre acerca de Jesús? ¿Cómo eso cambió con el tiempo?

¿Porque cree que el hombre se inclinó y adoró a Jesús cuando Jesús dijo que él era el Hijo del Hombre?

¿Por qué no impidió Jesús que el hombre le adorara?

¿Con qué compara o contrasta la religión de los judíos?

¿Por qué cree que Jesús volvió a encontrar al hombre que era ciego? ¿Qué nos dice acerca de Jesús?

¿Qué opina sobre lo que Jesús dijo acerca de la ceguera para el fariseo? ¿De qué tipo de ceguera cree que hablaba?

¿Qué significa para usted la afirmación que hace Jesús de que Él es el Mesías? Si usted cree que Él es el Mesías ¿Cómo esto cambia su vida?

El Joven Rico

Es demasiado. Simplemente demasiado. Quiero hacer lo que él me está pidiendo, realmente quiero. Pero él me pidió una cosa que no puedo dar. Yo he sido un buen hombre toda mi vida. Fui exitoso en todos mis estudios y en mis negocios, por eso, ellos me hicieron miembro del concilio gobernante, aun siendo joven. Yo creo, que ellos pudieron ver que seguía la ley a la perfección e hice todas las cosas correctamente.

Pero a menudo me he preguntado – ¿Fue eso suficiente? Me preocupé mucho por eso. ¿Qué tal si hay algo más que debería estar haciendo? Me parece que debería haber más. Me refiero a que, yo guardo los diez mandamientos – no adoro a otros dioses o me hago imágenes de ellos; no tomo el nombre de Dios en vano; no miento, no robo, no cometo adulterio, no doy falso testimonio; no soy codicioso, honro a mi padre y madre y guardo el día del sábado. Cada uno de estos mandamientos he guardado desde que era muy joven. No mucha gente puede hacer eso. A pesar de eso, yo quiero estar seguro de mi lugar en la fe, y quiero asegurarme de que pasará conmigo después de la muerte.

Entonces Jesús está en el pueblo. Hemos estado hablando de él bastante en las reuniones del concilio. Él es ese rabino, el hijo de José, el cual tiene muchos seguidores. Él ha estado haciendo excéntricas declaraciones y suscitando problemas. Pero también tiene una tendencia en hacer una diferencia en la vida de las personas. La gente declara que ha sanado enfermos y hace que los ciegos vean. Y la gente dice que él ha sido enviado por Dios.

Por lo tanto, pensé que sería buena idea preguntarle acerca de lo que necesito hacer para asegurarme de tener vida eterna. No tengo nada que perder, y si el realmente es de Dios, entonces tengo mucho que ganar si es que hay algo que me estoy perdiendo.

Entonces escuché que él estaba en el pueblo y pasé el día de hoy tratando de encontrarlo. Los busqué por un largo rato, y finalmente vi a la multitud alrededor de él. Me hice camino por en medio de todos y me arrodillé a sus pies.

"Maestro bueno, que debo hacer para heredar la vida eterna?

¿Por qué me llamas bueno? —Respondió Jesús—. Nadie es bueno sino solo Dios.

Y luego él comenzó a contestar mis preguntas. "Ya sabes los mandamientos": "No mates, no cometas adulterio, no robes, no presentes falso testimonio, no defraudes, honra a tu padre y a tu madre".

Yo conteste, "todo eso lo he cumplido desde que era joven".

Y luego Jesús dijo, "Una sola cosa te falta: anda, vende todo lo que tienes y dáselo a los pobres, y tendrás tesoro en el cielo. Luego ven y sígueme".

¿Vender todo? ¿Todo? Yo soy rico, yo tengo muchas cosas, y vivo una vida cómoda. Jesucristo vaga de una ciudad a otra, conformándose con la hospitalidad de los demás. Yo doy hospitalidad a otros. ¿Cómo puedo dejar eso? Tener tesoros en el cielo suena genial, pero ¿cómo puedo estar seguro que realmente los tendré? ¿Y cómo ayudará eso a mi vida actual? Y solo pienso en cuanta gente puedo ayudar y todas las cosas que puedo hacer por los pobres. Yo no puedo dejar eso, ¿o sí?

Realmente, ¿cómo puede pedirme tanto? Yo he hecho todo lo que Dios ha mandado. Vivo una vida buena, de acuerdo a la ley. Y que dé ¿Abraham? ¿Y Salomón? Ellos tenían riquezas más allá que las mías, y Dios no les pidió que la dejaran. ¿Cómo puede Dios esperar más de mí?

No, no puedo hacer eso. Simplemente no puedo. Es demasiado. Y me rehuso a creer que eso es lo que Dios requiere de mi para asegurar la vida eterna.

Jesús debió saber qué es lo que estaba pensando, porque me miro y dijo: "¡Qué difícil es para los ricos entrar en el reino de Dios! Le resulta más fácil a un camello pasar por el ojo de una aguja que a un rico entrar en el reino de Dios".

La gente alrededor de él le preguntó, "¿quién podrá salvarse?"

Jesús contestó, "para los hombres es imposible, más para Dios todo es posible".

Y ahí fue cuando me fui. Mi corazón está roto

por eso, pero así son las cosas. Y realmente creo que Dios me recompensara por mi vida recta, aunque no he vendido todo lo que tengo.

El diálogo ha sido citado y parafraseado de Lucas 18.

La historia completa se puede encontrar en Mateo 19, Marcos 10 y Lucas 18. Las porciones que no son citadas de la Biblia son una narración ficticia del joven rico basadas en la Biblia y comentarios que han interpretado y explicado su historia.

Preguntas De Discusión

¿Qué notó acerca de esta historia?

¿Qué desea saber?

¿Por qué cree que Jesús reaccionó a la declaración que hizo el hombre al decir que él era bueno? ¿A qué punto cree que Jesús quería llegar?

¿Qué notó de cómo el hombre define su vida de fe? ¿Cree que él estaba en lo correcto o estaba equivocado?

¿Cómo Jesús retó su percepción?

¿Por qué Jesús le pidió que vendiera todas sus posesiones y se las diera a los pobres?

¿Crees que eso era mucho pedir?

¿Qué crees que hizo que el hombre se contuviera?

¿Qué crees que él habría ganado si hubiera escogido hacer lo que Jesús le dijo?

¿Cómo se compara esta historia a la del hombre ciego? ¿Crees que lo que Jesús le pidió a él era algo más fácil o más difícil que lo que le pidió al hombre ciego?

¿A qué tipo de vida Jesús le estaba invitando al hombre? ¿Cómo piensas que esa vida sería para el hombre?

¿Qué significa "Creer" en Jesús? ¿Eso requiere más que pensamientos? ¿Eso requiere acciones? ¿Qué tipo de acciones?

¿A qué tipo de vida Jesús le está invitando?
¿Qué es lo que le previene de aceptar esta invitación?

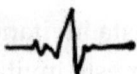

Martha

Mi hermano Lázaro murió recientemente, por segunda vez.

La historia es una interesante – al menos yo creo que es interesante. Como verán, Jesús era un amigo mío cercano. Él era cercano a mí, mi hermana María y a mi hermano Lázaro. Y no sé cómo terminamos cerca del centro de la controversia que el siempre pareció suscitar.

Aunque quizá debería empezar desde el inicio, después de que lo conocimos. El terminó viniendo a la casa para comer. Eso fue emocionante para nosotros, pero también fue muy estresante. Hay muchos detalles que a una mujer le preocupan cuando ella es anfitriona. ¡Y anfitriona de Jesús! Bueno, eso te lleva a otro nivel. Bueno de cualquier forma, estaba carrereando por toda la casa como un pollo con la cabeza cortada de aquí para allá, tratando de tener todo listo. María era de muy poca ayuda. De todos modos, ella es muy dada a soñar despierta, pero cuando escuchó que Jesús venía ¡ella era inútil! Se suponía que ella debería estar limpiando el área para comer, y pasé por ahí como por cinco veces y ella solo estaba parada en el mismo lugar, limpiando una mesa.

De cualquier forma, yo ya había puesto la última cosa en su lugar cuando Jesús y sus seguidores tocaron a la puerta. De ahí en adelante, yo estaba muy ocupada sirviendo la comida y la bebida a la gente y asegurándome de que me había ocupado de todos. En un punto, me sentí muy molesta. Y eso es vergonzoso, pero creo que debería de saber la historia completa. Pero estaba molesta porque María no me estaba ayudando para nada. ¿Y dónde creen que estaba? Sentada a los pies de Jesús, solo escuchando a todo lo que él tenía que decir. No solo era inusual para una mujer estar sentada en el comedor con los hombres, eso era inaudito que ella estuviera sentada a sus pies, como un discípulo. Pero esta fue una de las cosas más sorprendentes. Cuando yo me quejé con Jesús que ella no me estaba ayudando, esto fue lo que él dijo:

"Marta, Marta, estás inquieta y preocupada por muchas cosas, pero solo una es necesaria. María ha escogido la mejor, y nadie se la quitará".

Justo así, él me puso en mi lugar. Pero Jesús no me relegó a la cocina como otros maestros lo hubieran hecho. No, nuestro lugar, mío y el de María, era a sus pies, como sus discípulos. ¡Qué cosa tan más extraordinaria!

Nuestra relación continúo entonces. Aprendimos muchas cosas de Jesús, y yo creo que nosotros nos convertimos en amigos muy especiales. Y luego nuestro hermano Lázaro muere. Le mandamos mensaje a Jesús inmediatamente, pero él no vino hasta que Lázaro había estado sepultado por cuatro días. Cuatro largos días. Tuvimos el funeral y envolvimos el cuerpo de Lázaro, y lo pusimos en la tumba. Estábamos a la mitad de nuestra semana de duelo, María estaba pasándola muy mal. Ella se toma las cosas muy apecho.

Entonces en el cuarto día después de que Lázaro fuera sepultado, escuché que Jesús había regresado al pueblo. Entonces corrí a encontrarme con él. Yo caminé hacia él y le dije ", si hubieras estado aquí, mi hermano no habría muerto. Pero yo sé que aun ahora Dios te dará todo lo que le pidas.

Jesús contestó, "tu hermano resucitará"

Yo dije, "Yo sé que resucitará en la resurrección, en el día final"

Y luego Jesús dijo, "Yo soy la resurrección y la vida. El que cree en mí vivirá, aunque muera; y todo el que vive y cree en mí no morirá jamás. ¿Crees esto?"

"Si, Señor," Yo dije, "yo creo que tú eres el Cristo, el Hijo de Dios, el que había de venir al mundo."

Después de eso, corrí a traer a mi hermana. La saqué de la casa y le dije que Jesús estaba ahí. Cuando salimos de la casa, toda la gente nos siguió. Cuando María llegó a la orilla del pueblo, donde Jesús estaba, María corrió hacia él y se arrojó sobre sus pies, llorando. "Señor, si hubieras estado aquí, mi hermano no habría muerto."

Jesús pidió que se le mostrara donde se había puesto a Lázaro, y luego él lloró. La gente estaba asombrada de cuanto él amaba a Lázaro, pero algunos estaba diciendo que él no debió haber permitido que Lázaro muriera.

Jesús ordenó que se quitara la piedra de la entrada de la tumba. Yo me opuse por su puesto, "Señor, ya debe oler mal, pues lleva cuatro días allí".

Y él me dijo, "¿No te dije que si crees verás la gloria de Dios?

Entonces la gente quitó la piedra del camino, y Jesús oró, "Padre, te doy gracias porque me has escuchado. Ya sabía yo que siempre me escuchas, pero lo dije por la gente que está aquí presente, para que crean que tú me enviaste"

Y luego él vio a la tumba y gritó con todas sus fuerzas lo cual nunca había yo escuchado, "¡Lázaro, sal fuera!"

¡Y él lo hizo! Mi hermano salió, envuelto en las mantas de la tumba. No podíamos ni ver su rostro. ¡Pero él estaba ahí, y! ¡Estaba vivo!

Desde ese día, la gente empezó hablar de matar a Lázaro. Y siguieron hablando de matar a Jesús también.

Tuvimos más comidas con Jesús. En vez de servirlas, yo, también, me senté a sus pies y escuché. Poco antes de que Jesús fuera crucificado, María derramó sobre sus pies un perfume con el valor de un año de trabajo. Yo pienso que fue su forma de mostrar que tan profundamente ella amaba a Jesús.

Estuvimos entre los que lamentaron la muerte de Jesús y quienes celebraron su resurrección de entre los muertos. Mi hermana y yo amamos contar las historias de esas dos resurrecciones. La resurrección de Jesús de entre los muertos y su poder sobre la muerte son aún más dulces para nosotros ahora que Lázaro está muerto otra vez y esperáramos con ansias a la resurrección final para reunirnos con él y con Jesús.

El diálogo ha sido citado y parafraseado de Lucas 10 y de Juan 11.

La historia de Marta se puede encontrar en Lucas 10 y Juan 11. Las porciones que no están citadas de la Biblia son una narración ficticia de Marta y su familia la cual está basada en la Biblia y en comentarios que interpretan y explican su historia.

Preguntas De Discusión

¿Qué notó acerca de esta historia?

¿Qué desea saber?

¿Qué piensa sobre María y Marta y las diferentes maneras de cómo ellas se acercaron a Jesús?

¿Por qué piensa que Jesús permitió que mujeres fueran sus discípulos, aunque no fuera normal en la cultura?

¿Piensa que Marta le estaba pidiendo a Jesús que sanara a su hermano Lázaro?

¿Piensa que ella creía que él levantaría a Lázaro de entre los muertos?

¿Qué sobre María? ¿Porque cree que ella se arrojó a los pies de Jesús?

¿Por qué cree que Jesús resucitó a Lázaro?

¿Cómo cree que fue la vida de Lázaro después de ser resucitado?

¿Qué cree que significa que Jesús tenía el poder de hacer eso?

¿Qué piensa que esto añade a tu entendimiento de la vida y la muerte?

¿Qué piensa que esto añade a tu entendimiento espiritual de la vida y la muerte?

¿Cómo piensa que Jesús sabía que Dios levantaría a Lázaro de los muertos cuando él le oro?

Describa o dibuje su existencia espiritual ¿Está viva o muerta? Invite a Jesús a que le otorgue a usted una vida espiritual abundante.

Zaqueo

Convertirme en un recolector de impuestos no fue una decisión fácil. Muchas personas odiaban a los romanos, y rechazábamos su derecho de gobernar sobre nosotros. Nuestra nación estaba sólo esperando el momento para levantarse en contra de sus opresores, para levantarse por el Santo de Israel, el Dios de nuestros Padres. Estábamos esperando la venida del Mesías.

Pero llegó el momento cuando los romanos estaban buscando gente para ayudarlos a recolectar lo que estaba programado que dieran las personas a las que gobernaban. Ellos estaban dispuestos a pagar. Por supuesto, que ellos demandaban que yo hiciera un juramento pagano de fidelidad al gobierno, jurando mi lealtad a Roma sobre los demás. Y sabía que tendría que hacer sacrificios a dioses paganos. Pero parecía un pequeño precio para convertirme en un hombre rico – alguien quien podría realmente hacer algo en el mundo.

Así que tomé el toro por los cuernos y firmé para ser un recolector de impuestos. Y comencé como el típico recolector. Mi trabajo consistía en ir con mi gente y exigirles que pagaran sus impuestos al gobierno. Era responsable de pagarle su parte al gobierno, y lo que recogía extra me lo guardaba. No había que rendir tantas cuentas, por lo tanto, tomé lo que podía conseguir. Pronto tuve mucho dinero, y también tuve mucho éxito en hacer que la gente pagara. No pasó mucho tiempo para que me convirtiera en el jefe de los recolectores de mi pueblo Jericó.

Estoy seguro que se pueden imaginar que no le agradaba a todo el mundo. Nadie se alegraba de verme cuando me detenía en su casa demandando un pago. Y supongo que la forma como me vestía y me conducía me hacía sobresalir. En realidad, todo mundo sabía quién era, y era odiado. Yo no dejé que eso me detuviera de dejar de hacer lo que se necesitaba o aún de lo que quería. Sabía que cuando caminara por las calles, caminaría como si fuera dueño del lugar. Estoy seguro que estaba profundamente resentido.

De cualquier forma, escuché que Jesús estaba en mi pueblo. Como el resto de la gente, yo había escuchado sobre él. Había escuchado de sus milagros, y había escuchado de sus declaraciones. Verdaderamente quería ver si él era quien todos pensábamos que era. Aunque me había convertido en un hombre rico tras las espaldas de mi gente, Habría estado emocionado de ver al Mesías venir y liberarnos de las cadenas de nuestra opresión. Así que quería verlo.

Cuando vi a la multitud, me puse muy emocionado. De hecho, estaba sorprendido por la intensidad de mi esperanza. Pensé que la había abandonado cuando conseguí mi empleo. Pero ahí estaba aún, adormecida. Mientras miraba a la multitud de personas clamando alrededor de Jesús, no pasó mucho tiempo para darme cuenta que nunca podría verlo realmente a través de la multitud. Como ustedes sabrán soy un hombre de baja estatura. Tenía que buscar la forma de otra manera.

De cualquier manera, vi a la multitud e hice un plan. ¡Encontré un árbol y me subí! Es tonto, lo sé. Nosotros realmente no subimos a los árboles. Pero yo solo quería echarle in vistazo a este hombre. Así que imaginen mi sorpresa cuando él se dirigió hacia mi árbol, me miró directo a los ojos, y dijo "Zaqueo, baja en seguida. Tengo que quedarme hoy en tu casa".

¿Mi casa? Un buen judío no debería de ninguna manera poner un pie cerca de mi casa. Yo era un traidor, alguien que había traicionado a mi gente. Pero en cuanto vi su mirada me di cuenta que lo decía en serio. Él realmente se refería a pasar el día en mi casa. Entonces asentí con la cabeza y bajé del árbol. Entonces escuché a la gente, murmurar y quejarse unos a otros, "ha ido a hospedarse con un pecador".

Yo no podía realmente culparlos. En sus mentes, yo era lo peor de lo peor. Y verdaderamente, si este era realmente el Mesías, yo era lo peor de lo peor. ¿Cómo pude haber abandonado a mi gente y nuestra esperanza? ¿Cómo pude haber abandonado a mi Dios? Yo profundamente me arrepentí de mi decisión, y antes de que me diera cuenta, yo estaba diciendo, "Mira, Señor: Ahora mismo voy a dar a los pobres la mitad de mis bienes y si en algo he defraudado a alguien, le devolveré cuatro veces la cantidad que sea". ¡Eso era absurdo! Pero me di cuenta que lo decía verdaderamente.

Jesús simplemente contesto, "hoy ha llegado la salvación a esta casa, ya que éste también es hijo de Abraham. Porque el Hijo del hombre vino a buscar y a salvar lo que se había perdido".

Y debo admitir que había perdido mi camino. Había abandonado lo que sabía que era verdadero y correcto y tomé mis propias necesidades y deseos y las hice mi prioridad en mi vida. Pero ese encuentro con Jesús me cambió. Me hizo querer hacer las cosas correctamente. Más que eso, yo quería ser como Jesús. Entonces en vez de solo seguir la ley de Moisés y regresar únicamente lo que robé y acumulé, quería dar abundantemente a los pobres y regresarle a la gente mucho más de lo que les había quitado.

Entonces pasé ese día con Jesús. Y luego pasé los siguientes años checando mis cuentas y buscando a quien le había hecho trampa y por cuánto. Les regresé su dinero, cada centavo, y más, y el resto de mi dinero se lo di a los pobres. Así es como Jesús me cambio. Y tengo que decirles que nunca me he arrepentido de eso. Nunca.

El diálogo ha sido citado y parafraseado de Lucas 10 y 19 y de Juan 11.

La historia de Zaqueo se puede encontrar en Lucas 19. Las porciones que no son citadas de la Biblia son un relato ficticio. Basado en la Biblia y comentarios que interpretan y explican su historia.

Preguntas De Discusión

¿Qué notó acerca de esta historia por primera vez?

¿Qué desea saber?

¿Por qué cree que Zaqueo se convirtió en cobrador de impuesto en primer lugar?

¿Cree que él estaba contento con lo que escogió?

¿Cómo cree que era su relación con sus posesiones?

¿Por qué cree que él le hacía trampa a su gente cobrándoles de más?

¿Cómo cree que él trataba a los pobres?

¿Qué piensa de la gente que le cobraba los impuestos?

¿Por qué cree que él quería ver a Jesús?

¿Qué estaba esperando?

¿Por qué cree que Jesús vino hacia él?

¿Por qué cree que Jesús fue a su casa?

¿Qué significa que Jesús vino a buscar y a salvar lo que se había perdido?

¿Qué piensa que Jesús quiso decir cuando dijo que Zaqueo estaba perdido?

¿Porque cree que Jesús quería pasar tiempo con él que con la gente religiosa que habían hecho todo correctamente?

¿Qué cree que fue lo que provocó que el corazón de Zaqueo cambiara?

¿Por qué cree que su encuentro con Jesús lo guio a regresar lo que había robado?

¿Por qué cuatro veces la cantidad robada?

¿Cómo cree que fue el proceso de regresarle a la gente lo robado?

¿Cree que su relación con la gente cambio?

¿Qué de su relación con Roma?

¿Por qué estaba él dispuesto a arriesgar todos esos cambios?

¿Qué le provocó dar a los pobres?

¿Cómo crees que la codicia afecta la habilidad o el deseo de las personas para seguir a Jesús?

¿Qué acerca de Jesús hizo que Zaqueo respondiera tan extravagantemente?

¿Cómo está Jesús cambiando su vida? ¿Cómo quiere usted que Jesús cambie su vida?

Cleofás

Su muerte fue como cualquier otra. Era tiempo de quedarse quieto, pero pronto me llegó a importar, todo lo que podía hacer era agarrarme de mí mismo y seguir adelante. Eso fue increíble, pensando en lo que había escuchado y visto no podría ser verdad. Era horroroso y desmoralizante. Venían imágenes recurrentes a mi mente de su muerte brutal en esa cruz despreciable. Sabía que era el final de la vida.

Pero había más que eso, también, porque era la muerte de todo lo que había esperado para mí, mi familia, y mi gente. Yo creí, verdaderamente creí, que él era la esperanza de Israel, el que estábamos esperando. Cuando él me mando a mí y a casi 100 otros más para ser testigos y compartir sobre la venida del reino de Dios, vimos curaciones y milagros y a demonios desaparecer. Después de eso, tenía una esperanza casi tangible que todo lo que estábamos esperando y buscando finalmente estaba aquí.

Pero cuando él murió, todos eso sueños murieron también. Por los primeros dos días, me senté esperando con sus otros seguidores, pasmados. Yo no sé aún que era lo que estábamos esperando. Quizá despertar de esa pesadilla y que todo lo que esperábamos se volviera realidad. No… yo pienso que debimos habernos calmado recordando todo acerca de Jesús. Buscamos consuelo, nos hacíamos preguntas, y lloramos juntos. Simplemente no podíamos entender- él era aquel que llamamos el

Mesías, el hijo de Dios. Lo habíamos adorado y le habíamos dado nuestras vidas enteras. Y él lo había permitido. ¿Por qué permitió que hiciéramos eso si esto era el final? Así que nos sentamos en incredulidad y tratábamos de entender lo que había pasado.

Finalmente, la intensidad de nuestro duelo compartido llegó a ser demasiado para mí. Yo sólo quería dejar las preguntas y la incertidumbre detrás de mi e irme a casa a Emaús. Pero mientras me preparaba para irme, los rumores más extraños empezaron a divulgarse por todo el grupo. Algunas mujeres habían visitado la tumba de Jesús para preparar su cuerpo para su entierro permanente ¡pero su cuerpo se había ido! ¿Qué significaba eso?

Así que caminé a casa con un amigo, otro seguidor de Jesús, no podíamos escapar de esas preguntas. Por más que quería olvidarlas, pretender que no era cierto, no podía evitarlo. Tenía que hablar sobre eso. Así que hablamos sobre los milagros que habíamos visto – el agua convertida en vino, el hombre que nació ciego y se le dio la vista, aún del hombre que Jesús levanto de la muerte. Discutimos la entrada triunfal de Jesús a Jerusalén, justo unos días antes de su muerte, en donde la gente lo adoraba y le daba la bienvenida. Hablamos sobre Judas y cómo traicionó a Jesús ante los sacerdotes. Y hablamos de la desaparición del cuerpo de Jesús.

Mientras caminábamos por el sendero de Jerusalén hacia Emaús, un hombre se nos acercó por detrás. Nos preguntó, "¿Qué vienen discutiendo por el camino?

Nos detuvimos abruptamente, y lo quedamos viendo. ¿Cómo podría él no saber lo que había acontecido? Yo dije, "¿Eres tú el único peregrino en Jerusalén que no se ha enterado de todo lo que ha pasado recientemente?

"¿Qué es lo que ha pasado? Él preguntó.

"Lo de Jesús de Nazaret" le contesté. "Era un profeta, poderoso en obras y en palabras delante de Dios y de todo el pueblo. Los jefes de los sacerdotes y nuestros gobernantes lo entregaron para ser condenado a muerte, y lo crucificaron; pero nosotros abrigábamos la esperanza de que era él, quien redimiría a Israel. Es más, ya hace tres días que sucedió todo esto. También algunas mujeres de nuestro grupo nos dejaron asombrados. Esta mañana, muy temprano, fueron al sepulcro, pero no hallaron su cuerpo. Cuando volvieron, nos contaron que se les habían aparecido unos ángeles quienes les dijeron que él está vivo. Algunos de nuestros compañeros fueron después al sepulcro y lo encontraron tal como habían dicho las mujeres, pero a él no lo vieron.

Luego el hombre dijo, "¡Qué torpes son ustedes y qué tardos de corazón para creer todo lo que han dicho los profetas! ¿Acaso no tenía que sufrir el Cristo estas cosas antes de entrar en su gloria?

Y luego nos explicó la historia de Dios, como nunca la había escuchado ser explicada antes. Él comenzó con la rebelión devastadora de la humanidad en el jardín, donde la gente escogió primeramente hacer exactamente lo que Dios dijo que no se hiciera. Él nos mostró como esa rebelión arruinó a todas las relaciones importantes de la vida y como lastimó nuestra relación con Dios, con nosotros mismos, con la habilidad de conocernos a nosotros mismos, y aun con nuestra habilidad de cuidar la tierra y los recursos que nos fueron dados. Y nos habló del gran plan de Dios, comenzando con su promesa a Abraham, que el mundo sería rescatado y reconciliado con Dios. El habló con decepción del pueblo de Israel, y como los profetas fueron enviados siempre para llamarnos al arrepentimiento y humildad para caminar con Dios, y como siempre su plan fue mandar al Mesías a través de Israel, no solo para salvar a Israel de la opresión de las naciones, pero para sanarnos y restaurar todas nuestras relaciones rotas. El habló sobre el Mesías, y como el Mesías era el justo Rey de Israel - Rey de sus corazones como también de su nación.

Aun así, mientras él hablaba con entendimiento y sabiduría, nosotros no lo reconocimos. Él se quedó con nosotros por el resto del viaje a casa, y cuando llegamos, le rogamos que se quedara con nosotros. Pensamos que no era seguro para el viajar más adelante esa noche. Así que aceptó.

Mientras nos sentamos juntos y comimos. El bendijo los alimentos y nos bendijo, luego partió el pan y lo pasó alrededor de la mesa. En ese momento, nuestros ojos fueron abiertos, y entendimos - ¡El hombre era Jesús! Y así de rápido, él desapareció de nuestros ojos.

Casi no podíamos creer lo que nuestros ojos habían visto, pero sabíamos que algo raro y maravilloso había pasado. Así que nos apuramos para regresar a Jerusalén para decirles al resto de los discípulos. Y cuando llegamos, Pedro contó una historia similar. ¡Él había visto a Jesús también! Así que nos pusimos cómodos y compartimos todas nuestras experiencias con Jesús y todo lo que nos había explicado.

Mientras estábamos aun compartiendo y discutiendo lo que significaba todo ¡Jesús se nos apareció a todos! Algunas de las personas que estaban allí reunidas estaban muy sorprendidas y atemorizadas, pensando que sería un fantasma. Pero Jesús dijo ¿Por qué se asustan tanto? ¿Por qué les vienen dudas? Miren mis manos y mis pies. ¡Soy yo mismo! Tóquenme y vean; un espíritu no tiene carne ni huesos, como ven que los tengo yo". Y nos mostró sus manos y pies.

Escuché susurros de incredulidad, pero la mirada en el rostro de todos era una mezcla de gozo y sorpresa. Casi no podíamos creer que eso era cierto ¿pero como no podía serlo? ¡Él estaba parado ahí enfrente de nosotros!

Luego él pidió algo de comer, y alguien le dio algo de pescado asado. Todos lo que estaban en el cuarto miraban, sosteniendo el aliento, mientras Jesús comía. Mientras él tenía nuestra atención, él dijo,

"Cuando todavía estaba yo con ustedes, les decía que tenía que cumplirse todo lo que está escrito acerca de mí en la ley de Moisés, en los profetas y en los salmos. Que el Cristo padecerá y resucitará al tercer día, y en su nombre se predicarán el arrepentimiento y el perdón de pecados a todas las naciones, comenzando por Jerusalén. Ustedes son testigos de estas cosas. Ahora voy a enviarles lo que ha prometido mi Padre; pero ustedes quédense en la ciudad hasta que sean revestidos del poder de lo alto.

Y así, él nos invitó a someternos a su reinado y unirnos a su misión en restaurar las relaciones del mundo. Él nos llamó a ser sus testigos, y nos dijo que nosotros estaríamos predicando sobre el arrepentimiento y perdón de pecados a todas las naciones, empezando justo ahí en Jerusalén.

Y comencé a tener esperanza de nuevo. Empecé a tener esperanza que lo que creía de Jesús era realmente verdadero. Que él era el Mesías, enviado por Dios para redimir a Israel. Pero también comencé a entender que eso era mucho más grande y mucho más importante que nuestra libertad política. Jesús quería libertanos, pero por dentro. Quería liberarnos de nuestra necesidad de ser egoístas y orgullosos y envidiosos y llenos de odio. Él quería liberarnos para hacerlo el Rey en nuestras vidas y amar a Dios con todos nuestros corazones, almas, mentes, y fuerza, y amar a nuestros prójimos tanto como nos amamos a nosotros mismos. Para eso nos estaba llamando.

Así que nos quedamos en la ciudad y esperamos. Un grupo de los discípulos de Jesús observaba mientas él era llevado al cielo en el pequeño pueblo llamado Betania. Y un poco más de una semana después, en el día del pentecostés, estábamos celebrando el día en que Dios dio la ley a Moisés, estábamos todos juntos reunidos. Y de repente, hubo un sonido como el de una violenta ráfaga de viento, y lo que apareció fueron como lenguas de fuego las cuales se posaron sobre nuestras cabezas. Y empezamos a hablar y a compartir las buenas nuevas sobre Jesús a todos los que estaban alrededor de nosotros. Y una cosa milagrosa sucedió, aunque había judíos de varios países ahí, hablando todo tipo de idiomas, cuando alguien comenzó a contar una historia sobre Jesús, todo mundo entendió, sin importar el idioma que hablaba.

Y ese fue el día, el día en que el Espíritu Santo vino a llenarnos y nos dio poder para hablar de Jesús y vivir para él, y que verdaderamente llegáramos a ser los testigos de Jesús que debíamos ser. Desde ese momento, nuestra comunión ha tenido sus altas y bajas. Muchos salieron de Jerusalén y fueron a contarles a otros sobre Jesús y de todas las cosas que dijo e hizo. Los que nos quedamos en Jerusalén vivimos en comunión, compartiendo comidas y compartiendo propiedades y adorando juntos.

Continuamos aprendiendo lo que significa dejar lo que queremos para nosotros e invitar a Jesús que nos guie a una transformación.

El diálogo ha sido citado y parafraseado de Lucas 10 y 24 y de Juan 11.

La historia de Cleofás se puede encontrar en Lucas 10, Lucas 24 y Hechos 1. Las porciones que no son citadas de la Biblia son un relato ficticio. Basado en la Biblia y comentarios que interpretan y explican su historia.

Preguntas De Discusión

¿Qué notó acerca de esta historia por primera vez?

¿Qué desea saber?

¿Por qué cree que la muerte de Jesús fue tan devastadora para Cleofás?

¿Qué cree que estaba pensando acerca de su futuro mientras caminaba a casa hacia Emaús?

¿Qué posibles explicaciones cree que se le ocurrieron concerniente al paradero del cuerpo de Jesús?

¿Por qué cree que él no reconoció a Jesús mientras caminaba con él?

¿Cómo sería haber visto a Jesús vivo después de que él había muerto visiblemente?

¿Qué cree que les dijo acerca del poder de Jesús sobre la muerte, sobre el pecado y sobre el quebrantamiento?

¿Qué tipo de quebrantamiento has visto en el mundo?

¿Por qué cree que Dios quiere rescatar a la gente de este tipo de quebrantamiento?

¿Por qué piensa que le tomó a él tanto tiempo para enviar a Jesús a rescatarnos?

¿Por qué piensa que Jesús tuvo que morir para rescatarnos?

¿Qué significa estar lleno del Espíritu?

¿Cómo cree que el Espíritu ayuda a los seguidores de Jesús el día de hoy?

¿Cómo crees que Dios está trabajando para restaurar el quebrantamiento del mundo hoy en día?

¿Cómo Jesús le está invitando a ser parte de su plan para restaurar y reconciliar las relaciones en el mundo?

APENDICE 1 – Glosario

Concilio Regente – El grupo de líderes en el mundo judío que hacían las leyes religiosas y sociales que los judíos debían de obedecer. Era la institución a la cual solo las personas educadas e importantes podían pertenecer.

Día del Sabbat – Este era el día de descanso que Dios ordenó a los judíos observar en los Diez Mandamientos. Se observaba a partir del atardecer del viernes al atardecer del sábado. No se les permitía a los judíos trabajar en el Sabbat y los fariseos habían hecho muchas reglas adicionales sobre lo que significaba, incluyendo que las personas no podían cargar un tapete (rollo o esterilla de dormir) el día del Sabbat. No podían guiar a un animal en el camino.

Fariseos – Este es un grupo de personas en una secta específica del Judaísmo. Ellos ponían mucho énfasis en seguir cada ley en particular que estaba escrita en el Torá. Ellos también habían hecho muchas otras reglas que expandían esas leyes en el Torá, para asegurarse que nunca iban a estar cerca de quebrantar esas leyes. Eran personas altamente educadas, y muy preocupadas por mantener a Israel como el pueblo de Dios, preparado para la llegada del Mesías.

Mesías – Este es el nombre de la persona que Israel estaba esperando que viniera y los rescatara de sus opresores. Los judíos creían (y hay profecías en el

Antiguo Testamento) que prometen que el Mesías iba a venir y traerles salvación.

Pascua Judía – Este es la celebración judía que celebra la liberación de los judíos de la esclavitud en Egipto. Usted puede encontrar la historia de la primera Pascua judía en Éxodo 12. El mandamiento para los judíos de celebrar la Pascua judía se encuentra en Números 9.

Pentecostés – Este es una celebración judía que festeja cuando Dios les dio a los judíos la ley en el Monte Sinaí.

Profeta – A lo largo de la historia en el Antiguo Testamento, cuando Dios tenía un mensaje especial para los judíos, Él a menudo enviaba un profeta. Dios le daba un mensaje al profeta que tenía que ir y decirlo a la gente. Muchas veces, el profeta tenía que hacer algún tipo de actividad que daba una imagen en palabras para ayudar a ilustrar el mensaje de Dios para las personas. Muchos de estos profetas hablaron de un Mesías que iba a venir para liberar a Israel de la esclavitud.

Rabino – Un rabino es un maestro judío. Muchos de ellos tenían estudiantes, y muchos de ellos tenían discípulos o seguidores que los escuchaban y hacían lo que ellos decían.

Reconciliar – Reconciliar significa corregir,

típicamente las relaciones interpersonales. Es la idea de restaurar algo o sanar una relación que estaba rota.

Redimir – Comprar o pagar algo. Hay una gran historia en el Antiguo Testamento que prepara el terreno para que Jesús sea llamado Redentor. Es la historia de Ruth de ser redimida por su pariente redentor Booz, y se encuentra en el libro de Rut.

Reino de Dios – Esta es una frase que Jesús usó mucho. Se han escrito muchos libros sobre su significado, pero parece tener un componente espiritual donde Él estaba invitando a las personas a unirse al reino de Dios. Judíos y cristianos creen que va a venir un día cuando el reino de Dios se va a establecer plenamente en la tierra. Los cristianos creen que esto ocurre una persona a la vez, a medida que una persona decide vivir con Jesús como rey por el resto de su vida.

Resurrección - Volver de la muerte. Hay historias en la Biblia donde Jesús literalmente vuelve a la vida a las personas (como Lázaro), y hay otras veces en donde la Biblia habla de resucitar a las personas de la muerte espiritual.

Samaritanos – Ellos eran las personas que eran parte judías y parte no judía. Permanecieron fieles en su creencia de Dios, pero no tenían las mismas creencias que los judíos de sangre pura. Los judíos los veían como inferiores.

Torá – El Torá son los primeros cincos libros de la Biblia cristiana- Génesis, Éxodo, Levítico, Números y Deuteronomio. Estas son las leyes originales que se le dieron a Moisés para el pueblo judío. Les dicen a los judíos su historia y les da la base de la ley que deben de obedecer para demostrar que están comprometidos a permanecer fieles a Dios.

APENDICE 2 – La Guía Del Líder

Planes para las lecciones

- <u>5 minutos</u> – Bienvenida e introducción a la idea contar las historias de la Biblia. Enfatizando que es importante escuchar con imaginación y tratar de que usted se vea como un integrante de la historia.
- <u>5 minutos</u> – Lea la historia.
- <u>10 minutos</u> – Recuente la historia. Esto puede ser tan directo como ir en círculo, donde cada persona va diciendo lo que pasó después, o tan elaborado como el hacer una mini puesta de teatro o actuando partes, o dibujando la historia ¡Sea creativo(a)!
- <u>10 minutos</u> – Aplicación/Tiempo de escribir en un diario. Tenga materiales de arte para que las personas puedan dibujar o escribir en este momento. También es una buena idea proveer diarios o una carpeta o folder para que las personas puedan responder a las preguntas, aunque hay espacio en este libro, si cada persona tiene su propio ejemplar.
- <u>10 minutos</u> – Oren el uno por el otro.

Notas para el facilitador o líder

Nicodemo

En nuestros grupos de pruebas, hay varias cosas que se tuvieron que explicar con mayor detalle de lo que la historia da.

Concilio Dirigente de los judíos – Nicodemo fue un miembro del Concilio Dirigente de los judíos. Este era un grupo de 70 hombres que tomaban las decisiones judiciales y de liderazgo diarias para la comunidad judía.

Esperanza Mesiánica – Para poder entender esta historia, es importante que los participantes tengan un poco de conocimiento de la historia de los judíos, específicamente sobre cómo se les prometió a los judíos un libertador (al que llamaban Mesías), y que muchos creían que él los salvaría políticamente, de los romanos, y crearía un nuevo reino político judío.

Moisés y la serpiente en el desierto - Números 21:4-9 cuenta la historia de los israelitas en el desierto quejándose en contra de Dios y no confiando en Él. Como resultado, Dios les envió una plaga de serpientes y cuando se quejaron para ser liberados de estas, Dios le dijo a Moisés que hiciera una serpiente y la pusiera en un asta, si la gente la miraba, ellos iban a vivir. Jesús hizo un paralelo de esta historia a él, presagiando su muerte en la cruz.

La Vida con el Eterno – Yo crecí aprendiendo el idioma de "la vida eterna" cuando hablamos a seguir a Jesús: si lo sigues tendrá vida eterna. Es muy fácil malinterpretar esto y pensar que significa solamente que su vida espiritual se va a extender después de su muerte física. Pero el significado de la vida eterna es más profundo, y yo quiero explicar este significado más profundo al explicar que cuando usted sigue a Jesús usted tiene vida con el Eterno – no solo después de la muerte sino ahora. En la discusión después de leer la historia, esta es una de las cosas más importantes que yo quisiera que las personas comiencen a pensar: ¿Cómo sería la vida ahora, y cómo sería diferente si ellos tuvieran una relación con el Dios Eterno?

La Mujer En El Pozo

Historia hecha Ficción – Hay material más imaginativo en esta historia que en cualquiera de los otros Encuentros. No sabemos casi nada en la historia o en las Escrituras sobre la mujer en el pozo. Y aun así su conversación con Jesús. El diálogo es fiel al relato en las Escrituras. Pero asegúrese que los participantes sepan que ellos no van a poder ver cuál era su motivación o pensamientos en la Biblia.

Hombre Ciego

Fe versus Duda y Miedo – Esta historia naturalmente nos lleva a la discusión de lo que significa dar pasos por la fe y como usted lo hace aun frente a la duda y el miedo. Dedique parte de la discusión al respecto de cómo lo que pensamos sobre Jesús nos hace sentir sobre Jesús y cómo esto afecta lo que hacemos con la invitación que Jesús nos hace.

Escuchar a Jesús – A diferencia del hombre ciego, nosotros no interactuamos con Jesús de una forma física. ¿Cómo lo escuchamos o vemos lo que Él está haciendo? ¿Cómo sabemos lo que Él nos está pidiendo que hagamos? Use su vida y su experiencia con Jesús para modelar como se vería en la vida cristiana.

El Joven Rico

Creer en Jesús – Este es el Encuentro más inquietante para los participantes de mi grupo quienes todavía no habían decidido seguir a Jesús. Aquí es muy importante hablar de lo que significa el creer. En vez de un consentimiento intelectual a una lista de creencias, se tiene que entender como algo que incluye nuestras acciones. No es suficiente creer que Jesús existió o inclusive que Él es Dios. Jesús demanda algo de nosotros.

Es fácil aquí entrar a tratar de definir, basado en factores extremos, si alguien cree en Jesús. En vez de esto, trate de enfocarse en cómo la fe real requiere expresión, y expresión de fe en Jesús significa obedecerlo.

Martha

Jesús lloró – Tome tiempo imaginando porque Jesús lloró por la muerte de Lázaro. ¿No sabía Él que lo iba a resucitar de entre los muertos? Algunos de los comentarios dicen que Él quizás estaba llorando por un mundo quebrantado y qué tan alejado está de las intenciones de Dios. ¿Qué significaría si Dios está triste por el estado del mundo y sobre la muerte?

Zaqueo

Transformación – Hable de cómo se nota o sabe que alguien ha sido transformado por Jesús. La vida de Zaqueo es transformada completamente tras este encuentro con Jesús. ¿Cómo ocurrió esta transformación en su propia vida y qué tipos de transformación las personas le piden a Jesús?

Cleofás

Invitación al Reino – El principal enfoque de esta historia es sobre la invitación de unirse a Jesús en su obra de restaurar y redimir el mundo. Si Jesús lo está transformando y te santifica por completo, entonces Él no lo hace simplemente por tu propio beneficio – también Él quiere usarlo a usted para transformar y restaurar el mundo. Si Él está triste por el quebrantamiento del mundo, entonces a nosotros como su pueblo, nos envía a comenzar a sanar las relaciones fracturadas y los sistemas que están a nuestro alrededor. Aliente a los participantes a imaginar cual es la parte que ellos pueden desempeñar en el trabajo del reino de Jesús.

Sobre la Autora

Anna Rapa lleva más de 30 años siguiendo a Jesús, y ella ha compartido las historias de Jesús con muchas personas de muchas culturas diferentes. Ella escribió Encuentros con Jesús para un grupo de sus amigos, y ella vio como sus vidas fueron transformadas en la medida que encontraron a Jesús cuando leyeron y respondieron a estas historias juntos. Ella ora para que, a través de estas historias, usted también encuentre a Jesús.

Usted le puede enviar sus comentarios o preguntas a su sitio web personal, www.annarapa.com o a su correo electrónico, annarapa@gmail.com.